AF357248

SUR L'OBJECTIF RÉEL

DU DISCOURS

D'ESTIENNE DE LA BOËTIE

DE LA SERVITUDE VOLONTAIRE

SUR L'OBJECTIF RÉEL

DU DISCOURS

D'ESTIENNE DE LA BOËTIE

DE LA SERVITUDE VOLONTAIRE

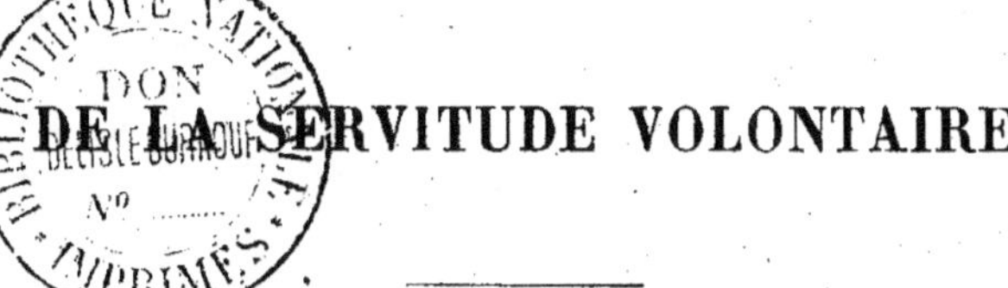

REMARQUES NOUVELLES

PAR

REINHOLD DEZEIMERIS

CORRESPONDANT DE L'INSTITUT

BORDEAUX

IMPRIMERIE G. GOUNOUILHOU

9-11, RUE GUIRAUDE, 9-11

—

1907

SUR L'OBJECTIF RÉEL

DU DISCOURS

D'ESTIENNE DE LA BOËTIE

DE LA SERVITUDE VOLONTAIRE

———

Dans plusieurs articles publiés par la *Revue Politique et Parlementaire*, en mars et avril 1906, et ensuite réunis en un tirage à part, M. le docteur Armaingaud a formulé une proposition très inattendue qui, si elle pouvait être acceptée, bouleverserait de fond en comble les opinions reçues jusqu'ici au sujet du *Discours* de La Boëtie sur la *Servitude volontaire*, ferait planer les doutes les plus graves sur la sincérité de Montaigne, quant à la nature des sentiments exprimés par lui, des actes accomplis par lui au point de vue politique, et mettrait en question sa bonne foi et sa droiture.

Frappé *a priori* par une certaine ressemblance qu'il a cru trouver entre le portrait du tyran dans l'œuvre de La Boëtie et la conception qu'il s'était faite lui-même du caractère d'Henri III, le savant docteur, sans chercher préalablement si ledit portrait ne s'adapterait pas mieux à quelque autre monarque, a poussé vivement sa thèse, et a fini par croire qu'il avait rencontré la vérité. Il y avait bien un obstacle sérieux à surmonter, car La Boëtie était mort sept ou huit ans avant qu'Henri III parût sur la scène du monde. Pour vaincre cette difficulté, il fallait supposer que Montaigne, dépositaire de l'œuvre manuscrite de son ami, eût pu avoir l'idée d'y apporter personnellement des modifications profondes, de l'interpoler, de l'étendre, d'en faire un pamphlet politique adapté à des événements nouveaux, tout en se mettant prudemment à l'abri sous le nom conservé de son incomparable ami... C'est gros, tout cela ; mais c'est à soutenir tout cela que vise la dissertation à propos de laquelle j'ai cru devoir écrire les remarques qui vont suivre.

M. le docteur Armaingaud a mis au service de sa thèse beaucoup d'ingéniosité, d'habileté littéraire ; et, s'il a voulu montrer qu'on peut aller fort loin en soutenant un paradoxe, il doit être satisfait de son entreprise, car il a été lu avec beaucoup de curiosité. Bien que mes vieilles convictions n'aient été, à aucun moment, ébranlées par des hypothèses aussi hardies, je lui ai dit moi-même, au lendemain de la publication de son mémoire :

> *Si Pergama dextra*
> *Defendi possent, etiam hac defensa fuissent...*

Heureusement, il n'est pas besoin de tant de ressources, de tant de stratégie pour défendre la cause inverse, celle d'un Montaigne plus simple, du Montaigne homme droit et fidèle de la tradition : c'est pour cela que j'ose entreprendre de montrer que le *Discours de la Servitude volontaire,* tel que nous l'avons, ne vise nullement Henri III.

Si cela devient évident, — comme je suis convaincu que ce doit être, — il ne sera pas besoin de discuter les conséquences subsidiaires d'une conjecture toute gratuite ; le reste ne pourra subsister à aucun degré, puisque l'on reconnaît en général que, lorsque, dans un débat quelconque, l'argument fondamental disparaît, ses effets escomptés disparaissent avec lui.

L'erreur initiale de M. le docteur Armaingaud — car je suppose qu'il a fait erreur — est d'avoir envisagé comme un pamphlet *ad hominem* ce qui est une dissertation philosophique au sens abstrait. La *Servitude volontaire*, comme je l'ai dit en 1863 [1], « est une philippique contre le peuple qui oublie ses devoirs en abdiquant ses droits; c'est une protestation contre l'indifférence politique. » Le moyen de démonstration employé, c'est, non pas de préconiser le tyrannicide, mais de constater que le tyran ne tiendrait pas debout si la nation s'abstenait simplement de le soutenir. « Quel
» malheur est celuy-là, veoir un nombre infini de per-
» sonnes non pas obéir, mais servir! non pas être
» gouvernez, mais tyrannisez!... Souffrir les pilleries, les
» paillardises, les cruautez, non pas d'une armée, non
» pas d'un camp barbare, mais d'un seul! Non pas d'un
» Hercules, ny d'un Samson, mais d'un seul hommeau,
» et, le plus souvent, le plus lasche et femelin de la
» nation ; non pas accoustumé à la poudre des batailles,
» mais encore, à grand peine, au sable des tournois;
» non pas qui puisse par force commander aux hommes,
» mais tout empesché de servir vilement à la moindre
» femmelette [2]! »

(1) *De la Renaissance des Lettres à Bordeaux au XVI siècle*. Discours de réception prononcé à l'Académie de Bordeaux le 17 décembre 1863.

(2) Il faut ajouter quelques lignes, prises ailleurs (p. 12 et 13 de l'édition que M. Paul Bonnefon a donnée des *Œuvres* de La Boétie):

« Pauvres gens, et miserables peuples insensés ! Nations opiniastres en
» vostre mal et aveugles en vostre bien ! Vous vous laissez emporter devant

Il y a bien, en ces lignes, l'esquisse d'un portrait ; mais c'est surtout une esquisse destinée à peindre les conditions historiques du tyran ; l'objectif n'est point de poursuivre d'une vindicte individuelle tel ou tel homme vivant ; mais de prémunir la nation, de l'éclairer sur la nécessité de rendre impossible dans l'avenir le renouvellement des abus du pouvoir personnel qui, faute de contrepoids, ont conduit parfois à la tyrannie. C'est une démonstration, par exemple déterminé et pris dans le passé, du danger qu'il y a pour un peuple à ne participer que par inertie ou par aveugle acquiescement à ce qui se fait en son nom (¹).

Serait-il donc difficile de trouver dans l'histoire, dans l'histoire même de la France, des exemples correspondant à ce tableau ? Je parle, bien entendu, de l'histoire des temps antérieurs à l'époque précise où La Boëtie a écrit son livre. C'est cette recherche que la plus élémentaire règle de critique nous impose avant tout. La voie de conjectures plus ou moins ingénieuses ne s'ouvrirait légitimement que dans le cas où l'on ne trouverait abso-

» vous le plus beau et le plus clair de vostre revenu, piller vos champs,
» voler vos maisons et les despouiller des meubles anciens et paternels !
» Vous vivez de sorte que vous ne pouvez dire que rien soit à vous...
» Et tout ce degast, ce malheur, ceste ruyne vous vient, non pas des
» ennemys, mais bien certes de l'ennemy... Celuy qui vous maistrise tant
» n'a que deux yeux, n'a que deux mains, n'a qu'un corps, et n'a autre
» chose que ce qu'a le moindre homme du grand et infini nombre de vos
» villes, si non que l'advantage que vous lui faictes pour vous destruire.
» Vous semez vos fruicts, afin qu'il en fasse le degast. Vous meublez et
» remplissez vos maisons, pour fournir à ses pilleries. Vous nourrissez
» vos filles afin qu'il ayt de quoy saouler sa luxure... etc. »

(¹) « Tousjours se trouve-t-il quelques gens, mieux nés que les autres,
» qui sentent le poids du joug et ne se peuvent tenir de le secouer... Ce
» sont volontiers ceux-là qui, ayant l'entendement net et l'esprit clair-
» voyant, ne se contentent pas, comme le gros populas, de regarder ce
» qui est devant leurs pieds, s'ils n'advisent et derrière et devant et ne
» *remémorent encore les choses passées, pour juger de celles du temps*
» *advenir* et pour mesurer les presentes. » (*Servitude volontaire*, page 30.)

lument rien qui présentât une concordance suffisante de faits formels, pouvant être connus de tous.

Ne cherchons pas dans les fastes des temps mérovingiens (¹) ou de la décadence carlovingienne : les exemples puisés là auraient été trop nombreux, et surtout trop anciens pour faire sur les lecteurs de **La Boëtie** une impression puissante. Mais, en nous restreignant à la période qui, pour les contemporains de La Boëtie, était celle que l'on désignait par les mots « de la mémoire de nos grands-pères », n'est-il pas tout naturel de songer à appliquer au règne de Charles VI des traits tels que ceux employés par l'auteur de la *Servitude volontaire*, désignant un « hommeau » peu « accoustumé à la poudre des batailles », n'ayant point la « force de

(¹) Rien ne serait plus aisé, cependant, que de découvrir, au cours de notre histoire, des faits auxquels seraient applicables les vives critiques du *Contr'un*. — Ronsard, contemporain et ami de La Boëtie, en a rencontré de tels, et les a énumérés dans cette vision de l'avenir par laquelle il fait dévoiler à Francus les destinées de sa race future, de ses successeurs au trône de France, et les actes des déplorables rois auxquels serait applicable la dénomination de « tyran » :

> C'est Childeric, roy de meschante vie,
> Ord de luxure, infect de volupté,
> Au cœur paillard des vices surmonté,
> Prince prodigue, excécrable en despenses,
> Qui, pour fournir à ses folles bombances,
> De ses sujets rongera tous les os,
> Boira le sang, haussera les impôts,
> Tailles, tribus...
> Il ravira des pucelles la fleur
> (Honte aux parens ! des pères la douleur !)
> Et sera plein de telle nonchalence...
> > *Franciade*, IV, p. 227, éd. Blanchemain.
> C'est Childeric, indigne d'être roy,
> Mange-sujet, tout rouillé d'avarice,
> Cruel tyran, serviteur de tout vice
> Lequel d'imposts son peuple destruira...
> Les escoliers n'auront les bénéfices,
> Les gens de bien ny honneurs, ny offices ;
> Tout se fera par flateurs eshrontez,
> Et les vertus seront les voluptez, etc.
> > *Franciade*, IV, p. 235, *ibid*.

Suit l'histoire de Frédégonde.

Il y a là, certes, de grandes analogies avec nombre de passages de la *Servitude volontaire*, sans compter l'épithète de *tyran* et celle de *mange-sujet*, δημοβόρος, le *mange-peuple* rappelé à la dernière page de l'œuvre de La Boëtie ; ne pas oublier d'ailleurs les relations personnelles de Ronsard et de l'ami de Montaigne.

⁂

commander aux hommes », tolérant les « pilleries, les paillardises, les cruautez », et « tout empesché de servir vilement à la moindre femmelette »?

Les faits avérés de l'histoire ne s'appliquent que trop exactement aux données d'un si lamentable programme.

Michelet (*Histoire de France*, t. IV, p. 9) commence par ces paroles son exposé du règne de Charles VI : « Jamais plus faible roi. »

Henri Martin (*Histoire de France*, t. V, p. 394) fait en ces termes le tableau de la même époque : « Il semble qu'il y ait abaissement dans l'intelligence comme dans les prétentions du peuple ; on ne réclame plus les États Généraux, le gouvernement libre ; mais la suppression des impôts ; l'opposition populaire se résout dans une négation, et n'essaie de rien organiser. La noblesse, au contraire, rappelée à la discipline par le danger, se réunit, sous l'étendard royal, aux redoutables bandes de brigands, de compagnons d'aventures qui forment comme une caste de barbares errants à travers la société. La bourgeoisie, à l'heure décisive, s'étonne, hésite, *et s'abandonne enfin sans combat à ses implacables oppresseurs. La haute bourgeoisie décimée et ruinée, le peuple écrasé sous une misère sans nom, les forces du pouvoir central,* qui avaient été jadis l'instrument de l'ordre et des améliorations sociales, *détournées au profit d'une oligarchie dévorante et insensée,* le progrès national violemment arrêté, *l'exemple de tous les vices, de toutes les folies et de tous les crimes, offert au peuple du haut des dégrés du trône, toutes les mauvaises passions, tous les penchants brutaux et sanguinaires excités par les pouvoirs institués pour les réprimer :* voilà les résultats de la victoire des seigneurs et le résumé du règne qu'inaugura la funeste journée de Roosebeke. Le peuple comprit les leçons de ses maîtres. On avait abattu tout ce qui dans ses rangs possédait un peu de culture intellectuelle et de lumière ; on avait écrasé la démocratie de la propriété, du barreau et du comptoir : quand le peuple se releva, grâce aux discordes de ses tyrans, ceux-ci eurent à compter avec la démocratie de l'assommoir et du couperet. »

On peut remarquer que le même état historique et le règne du même roi inspirent à Henri Martin le même qualificatif (tyran) qu'à l'auteur du *Discours de la Servitude volontaire* (¹).

Mais, si l'on veut de plus précis détails contemporains, que l'on ouvre la *Chronique* de Monstrelet. On y trouvera (²) la *Complainte du pauvre commun et des pauvres laboureurs* qui commence par ces mots :

Hélas ! Hélas ! Hélas ! Hélas !

Chacun de ses trente et quelques couplets commence et finit par la même exclamation ; il en est plusieurs où,

---

(¹) J. Du Tillet (l'évêque de Meaux), dans sa *Chronique abrégée des Roys de France,* année 1381 : « Au commencement de ce règne (celui de Charles VI), les deniers du Roy estoient fort courts ; tout estoit desordonné, pour le jeune aage du Roy et iteratif changement des gouverneurs du Royaume. Louis, duc d'Anjou, Regent de France, fils adoptif de Jeanne Reyne de Sicile, afin de la secourir..., empoigna ce qu'il peut, se hastant d'aller en Italie. Il essaya trois fois d'imposer des tributs [en France] ; mais toutes et chascunes des citez refuserent de les payer... Enfin le duc d'Anjou espuisa le peuple d'argent et le clergé aussi... Mais comme l'argent avoit esté mal acquis, aussi se perdit-il fort mal, par un evenement et succez d'affaires rebours et fort peu heureux. *Jamais la France en autres temps n'avoit esté si tourmentée que ce jeune fol Roy regnant, auquel, donnant à large courroye temerairement et sans jugement arresté, tantost à l'un, tantost à l'autre, tout fondoit entre les mains et se prodigalisoit. Honte et reverence estoyent lors bannies du Royaume, car un chascun vouloit estre maistre et varlet, comme il lui plaisoit.* »

(²) A la page 525 de l'édition de Buchon *(Panthéon).* Mais il y a erreur manifeste dans l'intercalation ; et la *Complainte,* au lieu d'être insérée au sous une forme encore réservée, on sent gronder cependant des conclusions bien voisines de celles du *Discours de la Servitude volontaire* :

> Hélas ! comment ces tailles grans
> Qu'avez faites, passé quinze ans,
> (Par chacun an trois fois ou deux,)
> Et des monnai's les tombements,
> Et les griefs de vos sergents
> Ont bien nos vaches et nos bœufs
> Amoindris, et tous nos chevaux,
> Tant qu'ils n'y trouvent plus que prendre :
> Mais par Jésus, le roy des Cieux,
> Ne sçay si vous en vallez mieux.
>
> . . . .
>
> Hélas! très-noble Roy de France,
> Le pays de vostr' obéissance
> Espargnez-le : pour Dieu mercy !
> Des laboureurs ayez souv'nance ;
> Tout avons prins en patience
> Et le prenons jusqu'à icy ;
> Mais tenez-vous asseur que si
> Vous n'y mettez aucun remède,
> Que vous n'aurez chasteau ne ville,

cours du chapitre 274, avec lequel elle n'a nul rapport, devrait être placée à la fin du 272e chapitre qui la justifie et l'explique, au moins à l'endroit des tailles excessives et de la réfection des monnaies. Elle serait mieux placée encore après le chapitre 106, à la suite du rapport présenté par l'Université à l'Assemblée des grands du royaume, au sujet de la réforme à introduire dans la police de l'État, et des exactions commises de toutes parts par les officiers du roi.

Il est très évident que la *Complainte* ne fait pas partie intégrante de l'œuvre de Monstrelet. Comme l'histoire de celui-ci contient la transcription de plusieurs documents servant d'appui à ses assertions, quelque lecteur curieux aura eu l'idée de joindre à ces pièces justificatives la copie de la *Complainte* et aura placé celle-ci dans son exemplaire de Monstrelet, sur une feuille volante. Lors des premières impressions du livre, le typographe ne trouvant nulle indication relative au placement de ce document populaire, l'aura inséré au hasard, à la place où il l'avait rencontré. Du reste, ce triste chant historique pouvait accompagner presque chaque page du tableau des temps lamentables dont Monstrelet avait entrepris de se faire l'historien.

Que tous seront mis à exille
Dont jà sommes plus de cent mille
Qui tous voulons tourner la bride,
Et vous lairrons tout esgaré ;
Et pourrez cheoir en tel trespas
Qu'il vous faudra crier hélas ! etc.

Je ne saurais avoir la pensée de transcrire ici les quatre cent seize vers de la *Complainte*. Il suffit de rappeler qu'ils sont remplis par des doléances amères, de la nature de celles qu'on vient de lire. Lorsque l'auteur s'adresse directement au roi, il a soin de le distinguer de ceux, princes, conseillers, favoris, officiers, juristes faiseurs, qui l'entourent, et il ne se gêne pas pour articuler à l'adresse de tous ceux-là les reproches les plus formels et les plus sévères. Les malheurs provenant des déprédations militaires ou fiscales exercées aux champs sont rappelés dans leur rencontre avec l'infélicité des saisons ; la mortalité des bestiaux figure à côté de la mortalité des hommes : c'est le tableau détaillé et sombre de la ruine, de la famine, des ravages épidémiques et du désespoir universel.

Or, on lit dans la *Servitude volontaire* (p. 56) :
« Volontiers le peuple, du mal qu'il souffre, n'en accuse
» pas le tyran, mais ceux qui le gouvernent. Ceux-là, les
» peuples, tout le monde à l'envi, jusques aux païsans,
» jusques aux laboureurs, ils savent leurs noms, ils
» deschiffrent leurs vices, ils amassent sur eux mille
» outrages, mille maudissons. Toutes leurs oraisons,
» tous leurs vœux sont contre ceux-là ; tous leurs
» malheurs, toutes les pestes, toutes leurs famines, ils
» les leur reprochent... »

A part la perfection du langage, la similitude est frappante. Et que diré de la rencontre la plus caractéristique? La Boëtie a remarqué que : *volontiers, le peuple, du mal qu'il souffre, n'en accuse pas le tyran, mais ceux qui le gouvernent.* Jamais nation n'a souffert autant que la nation française sous Charles VI, et pourtant les populations de la France, décimées pendant son règne, mais émues de commisération, à cause sans doute des motifs impressionnants de sa faiblesse, lui avaient donné tout d'abord et lui conservèrent malgré tout le surnom de « *Bien aimé* » (¹).

N'est-ce pas là ce qui a inspiré cet autre passage de la *Servitude* (page 22) : « Il n'est pas croyable comment le
» peuple, dès lors qu'il est assujetti, tombe si soudain
» en un tel et si profond oubly de la franchise qu'il n'est
» pas possible qu'il se resveille pour la ravoir, servant si
» franchement et tant volontiers qu'on diroit, à le voir,
» qu'il a non pas perdu sa liberté, mais gaigné sa servi-
» tude » ?

Que l'on ouvre l'*Histoire* de Juvénal des Ursins, on y trouvera ceci (p. 342-343, édition de Buchon, *Panthéon*) : « Et avoient [le Roy Charles VI], les ducs de Berry et de Bourgogne, et tous les notables barons grande joye, et moult se esjouyssoient de voir les maintiens du Roy [au retour de la campagne de Flandre]... Et cependant qu'ils s'esbattoient à Sᵗ Denys, le Roy delibera en toutes manieres d'abattre l'orgueil des Parisiens. » — Ceux-ci s'étaient soulevés pendant l'absence de Charles VI, à cause de l'imposition des tailles. — A la rentrée du souverain dans la capitale, plusieurs centaines d'exécutions à mort furent accomplies, puis, après une scène d'apparat où les oncles du roi se jetèrent à genoux aux pieds de celui-ci, le

(¹) Voy. Monstrelet au commencement de ses *Chroniques*.

priant qu'il voulût bien avoir pitié du peuple de Paris, « veindrent les dames et damoiselles, toutes deschevelées, lesquelles, en plorant, pareilles requestes firent. Et les gens du peuple, à genoux, nue teste, baisans la terre, commencerent à crier : « Misericorde! » Et lors le Roy respondit qu'il estoit content que la peine criminelle fust convertie en civile... Et fut la peine civile imposée à chacun des coupables... Mais elle estoit qu'il fallut qu'ils *payassent, de meuble ou la valeur, la moitié de ce qu'ils avoient.* Et y eut moult grande finance exigée, et à peine croyable. Et n'en vint au profit du Roy le tiers. Et fut la chevance distribuée aux gens d'armes. Lesquels en furent bien payés et contentés. Et leur donna le Roy congé; et promirent, veu qu'ils estoient bien payés et contentés; de ne faire, eux en allant, aucunes pilleries ne roberies. » Mais ils tinrent très mal leur promesse; car, « *aussitost qu'ils furent sur les champs,* ils commencerent merveilleuses pilleries à faire en rançonnant le peuple, et *faisoient maux innumerables* (¹). »

(¹) Voir le récit de l'anonyme de Saint-Denis, inséré par Buchon dans une note de son Froissart, t. II, p. 261 et suiv.

Quant à Froissart, il résume tout ainsi : « Et furent menés en ce temps les Parisiens pour donner exemple à toutes autres bonnes villes du royaume de France. Et furent remis sus subsides, gabelles, aides, fouages, douziesmes, treiziesmes, et toutes manières de telles choses, et le plat pays, avec ce, tout riflé. »

Si l'on voulait poursuivre la comparaison de nombre de passages du *Discours de la Servitude volontaire* avec le texte des principaux historiens du règne de Charles VI, on trouverait à faire beaucoup plus de rapprochements que je n'en énumère ici. Il n'entre pas dans mes intentions de pousser plus avant la démonstration qu'un incident inattendu m'a fait entreprendre. Surpris de n'avoir vu aucun érudit suivre jusqu'ici cette direction, il me suffit, pour l'instant, de signaler les points les plus significatifs, de montrer La Boëtie joignant à son savoir classique et philologique l'étude de notre histoire nationale un peu négligée par ses contemporains plus passionnés pour l'antiquité, et montrant par avance à Montaigne quel champ fécond offraient nos vieux chroniqueurs indigènes aux méditations des critiques et des philosophes. — On sait si l'auteur des *Essais* a profité plus tard de l'indication de son ami.

Que l'on ouvre enfin les *Chroniques* de Froissart, celles du moine anonyme de Saint-Denis, au récit de l'odieuse mascarade où Charles VI faillit être brûlé vif (Froissart, t. III, p. 177 de l'édition de Buchon, *Panthéon*), et l'on verra ce qu'imaginaient pour le plaisir du roi les mignons de cour d'alors et certains princes du sang, « maquereaux de ses voluptés et communs au bien de » ses pilleries » *(Servitude volontaire)*. « C'estoit une coutume (1) pratiquée en divers lieux de la France, de faire impunément mille folies au mariage des femmes veuves et d'emprunter, avec des habits extravagants, la liberté de dire des vilenies au mari de l'épousée. » Voilà pourquoi le roi et ses cinq compagnons se déguisèrent en satyres et dansèrent des danses lascives en présence de toute la cour. « Le roi et la reine, ajoute le moine de Saint-Denis, étaient un peu trop indulgents à leurs plaisirs. »

Henri de Guisay, le principal inventeur de cette hideuse « momerie », et qui en fut une des victimes (car les satyres prirent feu, sauf le roi), « était, dit l'anonyme de Saint-Denis, un homme adonné à tous les vices, et aussi détesté pour sa mauvaise vie que pour la cruelle insolence dont il usoit envers les valets et envers les gens de peu de condition. Il ne les traitoit que de chiens. C'étoit un de ses moindres plaisirs de les faire aboyer comme tels..., il les faisoit coucher à terre, il les fouloit à coups de pieds et d'éperons jusqu'au sang, et disoit que cette canaille ne devoit point être battue à coups de poings, mais meurtrie et déchirée comme des chiens, à coups de fouet et de bâton (2). Il ne se put pas même empêcher,

----

(1) Je fais usage de deux notes de Buchon résumant, dans son Froissart, les passages essentiels de la Chronique de l'anonyme de Saint-Denis.
(2) La Boëtie (*Servitude*, p. 48) : « Ils [les courtisans, les favoris] ver-

dans ces tourments mortels, d'appeler chiens ceux qui le servoient; et ses dernières paroles furent des regrets de ce qu'il les laissoit vivre après lui. »

A la fin de la déplorable campagne de Flandre qu'on lui fit faire au profit du duc de Bourgogne, par un simple caprice d'enfant, Charles VI décida de faire brûler la ville de Courtrai. « Courtrai fut brûlé et détruit, et tous ceux des habitants qui ne s'étaient pas enfuis furent égorgés ou emmenés en servage : « riches hommes, femmes et petits enfants » (Froissart). L'auteur de cette effroyable catastrophe était un enfant de quatorze ans, et cet enfant n'était pas né méchant ; mais les leçons de ses oncles, la haine qu'on lui inspirait contre les « vilains », l'ivresse de la puissance et de la victoire exaltaient jusqu'à la fureur son esprit faible et son caractère violent ; et l'on pouvait déjà entrevoir chez lui les symptômes de cette royale démence qui fut si fatale à la France ([1]). »

Rappelons maintenant que, dans la *Servitude volontaire,* il est dit du tyran que, d'ordinaire, il est « le plus lasche et femelin de la nation : non pas accoustumé à la pouldre des batailles, mais encores, à grand peine, au sable des tournois ». Or, on lit dans Froissart (t. II, p. 247 et suiv.) qu'à la bataille de Roosebeke, le conseil du roi décida que, pour un jour, le connétable de Clisson se démettrait de sa charge de connétable, pour veiller sur le roi, hors de la bataille ; le sire de Coucy devait, par intérim, commander comme connétable. Clisson,

» ront clairement que les villageois, les païsans, lesquels, tant qu'ils peu-
» vent, ils foulent aux pieds et en font pis que des forsats ou esclaves, ils
» verront, dis-je, que ceux-là, ainsi malmenés, sont toutes fois, au pris
» d'eus, aucunement libres... »
([1]) Henri Martin, *Histoire de France,* t. V, p. 387.

après avoir rassuré Charles VI, n'accepta pas de rester inactif, et alla commander et combattre. Mais bonne garde fut faite par beaucoup d'autres près du roi et hors de tout danger. Le roi, il est vrai, était fort jeune alors, mais ce n'était pas ainsi que son oncle, Philippe, dit le Hardi, s'était comporté au même âge, à la bataille de Poitiers, à côté de son père le roi Jean. Et quant à l'idée d'immobilisation du chef supérieur de l'armée, pour garder le jeune maître en lieu sûr, au moment d'une grande rencontre, c'est la mesure expressive de l'esprit du moment qui subordonnait à la sauvegarde d'un seul l'intérêt de tous.

En 1389, des tournois, des joutes, il en fut fait, mais pour pur apparat, à l'Hôtel St-Paul, « l'Hostel des grands esbattements, » comme on disait alors. C'était le jour du couronnement de la reine Isabeau, et à l'occasion de sa grossesse, « et y eut joustes, et jousta le roy qui fit bien son devoir. Mais plusieurs gens de bien furent très mal contens de ce qu'*on le fist jouster*, car, en telles choses peut avoir des dangers beaucoup, et disoient que c'estoit très mal faict. » (Monstrelet, p. 358.) — Cette observation des « gens de bien » prouve que le cas n'était pas ordinaire; ils entrevoyaient en ces joutes, malgré toutes les précautions prises, une grande imprudence, sans doute parce que le jeune souverain, livré dès l'enfance à l'abus de tous les plaisirs physiques, commençait à fournir les indices de défaillance précurseurs de l'affaissement cérébral qui le guettait, et devenait déjà un piètre homme d'armes. Le premier jour de ces joutes, il y avait eu trop de poussière : « Le roi ordonna qu'on y pourveust; si furent pris plus de deux cents porteurs d'eau qui arrosèrent la place, et amoindrirent grandement la poudrière :

mais, nonobstant les porteurs d'eau, encore y en eut-il assez. » (Froissart, t. III, p. 10.)

Voilà donc pour la « pouldre des batailles » et le « sable des tournois »... La Boëtie n'avait pas dit que le tyran ne participât à aucun tournoi ; il notait seulement qu'il le faisait « à grand peine ». L'arrosage de la lice de l'Hôtel des joyeux esbattements (¹) montre que cela s'arrangeait à l'eau de rose, pour le plaisir de la reine et des femme-lettes de cour (²).

Mais, m'objectera-t-on sans doute, ce qui est le trait le plus essentiel du portrait du tyran extrait plus haut du *Discours de la Servitude volontaire*, ce qui est comme le signe particulier d'un signalement, ces mots : « *tout empesché de servir vilement à la moindre femmelette,* » les citations précédentes ne contiennent rien qui y réponde d'une façon formelle.

Hélas ! dirons-nous à notre tour, comme l'auteur de la *Complainte*, hélas ! quand il s'agit de Charles VI et de sa cour, est-il besoin de citer des textes explicites sur la

---

(¹) « Et estoit commune renommée que, desdites joutes, estoient provenues des choses deshonnestes en matière d'amourettes, et dont, depuis, beaucoup de maux sont venus. Et dit une chronique que es dites joustes *lubrica facta sunt.* » (JUVÉNAL DES URSINS, p. 367, *Panthéon.*)

(²) Il est absolument naturel que La Boëtie ait pu parler de « tournois », en faisant allusion au xvᵉ siècle. Mais, après la mort d'Henri II, en admettant même qu'on eût essayé encore un ou deux tournois ou simulacres de tournois (comme je crois l'avoir lu quelque part jadis), ce n'étaient plus choses du temps, l'heure en était passée en France, et un contemporain de Montaigne ne se serait plus avisé de reprocher sérieusement à un tyran du jour de « n'estre pas accoustumé au sable des tournois ». Ce détail seul — s'il n'y en avait beaucoup d'autres — suffirait à rendre évidente la discordance d'application à Henri III de la phrase du *Contr'un* où se trouve l'allusion aux joutes d'armes : c'est comme un anachronisme dénonciateur de la non-justesse de la conjecture paradoxale. Cela est si vrai que, dans la première édition (en latin) du *Réveille-matin*, où un long extrait de la *Servitude volontaire* était utilisé à un emploi de circonstance tout spécial à ce moment, l'auteur ou le traducteur de cet extrait a eu soin de supprimer le passage sur les tournois qui aurait dévoilé le stratagème de l'adaptation à des faits nouveaux d'un document visant des faits antérieurs et des coutumes d'un autre âge.

femme funeste qui était alors sur le trône de France?
Chacun n'a-t-il pas en son souvenir constant l'horreur
que, depuis plus de cinq siècles, inspire à tous le nom
d'Isabeau de Bavière? De son temps, les moindres villages
avaient connaissance de ses déportements. Or, Charles VI
lui était asservi([1]); il fut son esclave, à la fois, et son
complaisant résolu, bien qu'averti. C'est pourquoi les mots
« *servir vilement* » s'expliquent d'une façon trop évidente.
Maîtresse probable du frère du roi (le duc Louis d'Orléans)
et sûrement de plusieurs autres (voir Monstrelet, p. 401),
elle put, par son aversion marquée pour son fils, lors de
son alliance de trahison avec le duc de Bourgogne et le
roi d'Angleterre, laisser suffisamment entendre à celui-ci,
ou à tous les deux, qu'il serait possible d'émettre des
doutes sur la légitimité du dauphin([2]); et des actes

([1]) L'auteur de la version latine insérée dans la première édition du
Réveille-matin a rendu ainsi le passage de la *Servitude volontaire* qui
nous occupe: [*homuncio*] *qui impudicæ mulierculæ servitio totus addictus
sit.* — Je ne m'arrête pas à l'étrange interprétation que M. le docteur
Armaingaud donne de ce passage : elle est contraire à la langue d'une
façon générale, et, en particulier, contraire au parallélisme évidemment
calculé de la phrase de La Boëtie. C'est, à coup sûr, un chapitre malencon-
treusement imaginé de la subtile dissertation.

([2]) On lit dans Georges Chastellain (*Chronique du duc Philippe*, p. 51,
éd. de Buchon, *Panth.*) : « Si ledict daulphin... s'en retourna arriere à
Bourges et là, fit assembler de toutes parts gens d'armes; et, avec advis et
bon conseil prins sur ses graves et malheureux affaires, se disposa à
resister de son povoir à la felle entreprinse de ses ennemis qui le poursui-
voient à honte et à perdicion, et ne tendoient qu'a avoir la main de
victoire et de conqueste sur lui et le sien jusques au bout. Laquelle
chose, certes, lui estoit occasion de merancolie et matiere de grand
soussy, comment et en quelle maniere il pourroit remedier à un si grand
et si espovantable effort, comme de deux princes qu'il avoit contre lui,
et encoires estre dilinqui de son pere et desavoué comme bastart, helas !
que non lui avoit procuré, j'espoire, noble fils de roy et enfant; mais les
mauvais faux hommes ses conseillers, pour lesquels tristement porta
l'amere pugnition. »
Je ne cite pas Chastellain comme auteur de livres que La Boëtie pût
connaître, mais parce qu'il a su mieux que la plupart des autres exprimer
le sentiment du public, celui qui se conserva dans les familles à travers
les générations suivantes. Lire notamment la page 63 et le commencement de la 64e dont les premières lignes expriment bien l'état des âmes
lassées et défaillantes auquel il a été fait allusion ci-dessus.

publics, solennels (Traité de Troyes, en mai 1420, Etats et Lit de Justice de décembre, même année), acceptés par la reine, acceptés par le roi de France, qualifièrent, injurieusement pour tous, le futur Charles VII de « soi-disant Dauphin », lui substituant pour plus tard le souverain d'Angleterre, en accordant à cet ennemi héréditaire la main d'une fille de France, avec la France pour dot !

Charles VI était le plus souvent en démence : ce peut être une circonstance atténuante pour ce qui le concerne personnellement ; mais, à l'égard de la France qui faillit alors être anéantie comme nationalité, la responsabilité était autrement grave : elle restait sans excuse. Le mot « vilement » laisse tout entendre. Peut-être, malgré ce qu'il a de haute sévérité, quelques-uns estimeront-ils qu'il est insuffisant encore. Mais, si l'on était porté à juger ainsi, il faudrait se souvenir qu'à l'heure où l'écrivait La Boëtie, la nation, un instant personnifiée en une femme vaillante et vengeresse, s'était déjà relevée victorieuse ; avec sa victoire, elle avait reconquis le droit d'être généreuse, fière, et travaillait, pour sa dignité même, à oublier les expressions trop amères applicables au passé : noble réserve, et noble pays !

En commençant l'histoire de cette navrante époque, M. Guizot (*Histoire de France*, t. II, p. 209) écrivait ces lignes : « Sully, dans ses Mémoires, qualifie en ces termes le règne de Charles VI : « *Ce règne si fécond en événements sinistres, le tombeau des bonnes lois et des bonnes mœurs de la France.* » Il n'y a point d'exagération dans ces paroles, continue M. Guizot ; le seizième siècle avec *la Saint-Barthélemy* et *la Ligue*, le dix-huitième siècle avec le régime de *la Terreur*, le dix-neuvième avec *la Commune de Paris,* contiennent à peine des événements aussi sinistres que ceux dont, sous le règne de Charles VI, de 1380 à 1422, la France a été le théâtre et la victime. »

En tant de faits douloureux, constituant les pages les plus complexes et les plus lugubres de notre histoire, n'était-il pas naturel d'aller chercher, si peu qu'on eût désir de la rencontrer, l'explication la plus naturelle de l'allusion écrite aux premières lignes de la *Servitude volontaire,* et la justification de la plupart de ses sévérités?

Ajoutez que La Boëtie avait dû entendre raconter par les siens le détail de ces désordres et de ces événements sans nom dont ses arrière-grands-pères avaient été les contemporains navrés.

D'ailleurs, ce n'étaient plus seulement les lointains échos des couplets de la *Complainte des pauvres laboureurs* qui ramenaient la mémoire des jours néfastes de ruine, d'exactions, de démoralisation affreuse correspondant au règne de Charles VI et de son odieux entourage ; les premiers effets de l'imprimerie, les livres, commençaient à porter à la connaissance de tous des documents d'un caractère authentique permettant d'établir des jugements réfléchis sur les faits historiques de la fin du Moyen-Age([1]).

Qu'on lise le chapitre 106 du premier livre de Monstrelet, contenant le résumé des articulations produites dans l'assemblée qui, vers 1412, à l'instigation de l'Uni-

([1]) On distingue clairement, en un passage de la *Servitude volontaire,* le concours très intéressant de ces deux sources de renseignements dans la composition de l'œuvre de La Boëtie; par exemple, page 50, lignes 14 et suivantes: « Qu'on discoure (parcoure) toutes les *anciennes histoires,* qu'on regarde *celles de nostre souvenance,* et on verra tout à plein... etc. »

versité de Paris, se réunit, avec l'aveu du duc de
Bourgogne, pour examiner et exposer l'état lamentable
où se trouvait l'administration financière de la France et
solliciter la réformation des offices et surtout des officiers royaux. Il y avait là de quoi faire bondir les cœurs
généreux tels que celui de l'ami de Montaigne [1].

C'est ému par de tels souvenirs qu'il écrivit sa
véhémente harangue; mais ce ne fut pas sa faute si,
vingt-cinq ans plus tard, des partis ardents, en pleine
guerre civile, s'avisèrent d'en faire usage pour l'appliquer,
non sans abus, à des circonstances qui leur semblaient
analogues et qui montraient de nouveau des criminels
sur le trône de France.

M. le Dr Armaingaud s'est laissé entraîner par l'artifice
des pamphlétaires de 1576, et il a pris pour un tableau
original de première destination ce qui n'était qu'une
simple réédition, en second emploi, d'un document déjà
ancien, inspiré par des événements antérieurs d'un siècle
et demi, événements tels, toutefois, que, par analogies
indirectes, ils pouvaient conférer à une simple réédition

---

[1] Toute la fin du *Discours de la Servitude volontaire*, depuis la
page 44, ligne 21 de l'édition de M. Bonnefon, est un développement de ce
tableau où l'on retrouve les intrigues des gens de cour, mettant en usage,
pour se pousser aux états, les liens de famille, les compromissions de toute
nature, et visant l'exploitation du pays, au moyen des charges de finance
et de judicature. Ces pages de Monstrelet sont la source évidente où le
jeune et généreux lettré a puisé ses allusions saisissantes.

Le passage où La Boëtie (p. 50, 51) insiste sur l'anéantissement probable
des favoris d'un jour par d'autres favoris du lendemain est évidemment
inspiré par le récit des historiens de l'année 1409, année où eut lieu la
condamnation et le supplice de Jean de Montagu, grand maître de l'hôtel
du Roi et surintendant des finances. Des Essards, qui avait été son
prétendu juge, devint son successeur... Charles VI ratifiait en cela les
préférences de Jean-sans-Peur. (Voir Monstrelet, Le Religieux de Saint-
Denis, Juvénal des Ursins, Nicole Gilles, etc.) Quatre ans plus tard,
encore sur les exigences capricieuses de Jean-sans-Peur, Des Essards
était renversé, avait la tète tranchée, et ses biens étaient pillés au profit
de divers autres. (Voir Nicole Gilles, *Chroniques et Annales de France*,
à l'année 1413.)

les apparences troublantes d'une diatribe nouvelle de circonstance.

Or, ce n'est pas moi seulement qui viens souligner aujourd'hui ce rapprochement frappant qu'il y a à faire, à beaucoup d'égards, entre l'époque de Charles VI et celle d'Henri III. Un des hommes les plus éclairés, les plus perspicaces du xvie siècle, plus âgé d'un an que La Boëtie, Estienne Pasquier, après avoir écrit, dans ses *Recherches de la France*, livre sixième, chapitre trois, avec un développement particulier, l'histoire du règne de Charles VI, commence par l'observation que voici le récit du règne de Charles VII :

« Il est meshuy temps que je reprenne mon haleine de
» la longue carrière que je me suis donnée par le chapitre
» précédent, chapitre, dis-je, plus long que n'estoit ny
» mon premier project, ny la portée de ce livre ; mais,
» depuis, *poussé d'une juste douleur,* je l'ay fait de
» propos délibéré, *comme estant une vraye image des
» malheurs qui voguent aujourd'hui par la France.* »

Ce vi[e] livre des *Recherches* de Pasquier a été écrit entre les années 1581 et 1595, par conséquent sous le règne d'Henri III, pendant la lutte entre le roi et Henri de Guise, dans une période où Pasquier, qui avait vu de près la Saint-Barthélemy, était particulièrement en situation de juger et de comparer les événements. En 1588, il était avec Montaigne, son ami, aux États de Blois, au moment de l'assassinat du duc de Guise et de son frère le Cardinal. On voit quelle valeur a le sentiment exprimé par un pareil homme, et à pareille heure ; et l'on comprend que ce fût pour lui *une juste douleur* d'avoir à comparer les conséquences finales si désastreuses pour la France du règne de Charles VI avec le dénouement que

faisaient redouter, avant les succès définitifs d'Henri de
Navarre, les événements lugubres dont il était le témoin
anxieux.

D'autres encore que le bon Pasquier furent, au même
moment, frappés par l'analogie que j'ai signalée. Les
auteurs de la *Satyre Ménippée* l'ont rappelée, eux aussi,
et l'ont mise en évidence. C'est d'abord dans la descrip-
tion fictive, mais singulièrement expressive, de la salle où
doivent se tenir les « Etats de la Ligue ». On lit (t. I, p. 16
de l'édition de Ratisbonne, 1752): « La charpenterie et
» échaffaudage des sièges estoit toute semblable à celle des
» Estats qui furent tenus à Troyes, environ l'an 1420,
» sous le Roi Charles VI, à l'instance et poursuite du Roi
» d'Angleterre et du Duc de Bourgogne, lorsque Char-
» les VII, Dauphin et vrai héritier de la couronne de
» France, fut, par ces beaux Estats, dégradé et déclaré
» incapable de succéder au Royaume. »

Puis, dans la *Harangue de M. Aubray, pour le Tiers
Estat* (harangue dont l'auteur était le savant Pierre
Pithou, aussi illustre comme philologue que comme
explorateur profond des vieilles sources de notre histoire, et également ami de Montaigne), se trouve ce
passage *(ibid.*, p. 160): « Si vous prenez plus haut, ès
» annales de France, vous verrez les factions de Bour-
» gogne et d'Orléans (sous Charles VI) avoir tousjours esté
» colorées du soulagement des tailles et du mauvais gou-
» vernement des affaires ; et néantmoins l'intention des
» principaux chefs n'estoit que d'empiéter l'authorité au
» royaume et advantager une maison sur l'autre, comme
» l'issüe a tousjours fait foy. Car enfin le Roy d'Angle-
» terre emportoit tousjours quelque lippée pour sa part,
» et le Duc de Bourgogne ne s'en départoit jamais
» sans une ville ou une contrée qu'il retenoit pour

» son butin. *Quiconque voudra prendre loisir de lire*
» *cette histoire, y verra nostre miserable siècle naïve-*
» *ment représenté...* On y voyoit des massacres, des
» tueries de gens innocents, et des fureurs politiques
» comme les notres. Nostre mignon, le feu Duc de
» Guyse y est représenté en la personne du Duc de Bour-
» gogne, et nostre bon protecteur le Roy d'Espagne en
» celle du Roy d'Angleterre. Vous y voyez nostre crédu-
» lité et simplicité suivies de ruines et désolations et de
» saccagements et bruslements de villes et fauxbourgs,
» tels qu'avons veu et voyons tous les jours sur nous et
» sur nos voisins... En la mesme histoire, trouvez-vous
» pas aussi comme le type de nos beaux Estats icy assem-
» blés? Ceux qu'on tint à Troyes sont-ils pas tout pareils,
» ausquels on exhereda le vray et légitime héritier de la
» Couronne, comme excommunié et réaggravé? Dieu sçait
» quelles gens il y avoit à ces Estats! Ne doubtez pas
» qu'ils ne feussent tous tels que vous autres, Messieurs,
» choisis de la lie du peuple, des plus mutins et séditieux
» et corrompus par argent, et tous prétendants *quelque*
» *profit particulier au change et à la nouveauté,*
» *comme vous autres, Messieurs...* »

Comprend-on, maintenant, comment un écrit, contenant la critique véhémente des actes tyranniques et
désastreux du commencement du xve siècle, a pu être
exploité avec succès contre les auteurs d'actes et de
crimes similaires commis dans la seconde moitié du xvie?

Et ce sont deux amis intimes de Montaigne qui se
dressent pour constater non pas comment cela a pu être,
mais bien comment cela a été!

Montaigne a dit, en 1580, que la publication de l'œuvre de son ami avait été faite, « à mauvaise fin, » par

ceux qui voulaient alors (en 1576) « *troubler et changer l'estat de nostre police sans se soucier s'ils l'amenderont.* » En effet, en 1548 ou 1550, La Boëtie, faisant allusion à la tyrannie du temps de Charles VI, n'écrivait certainement pas un libelle perturbateur. Mais, renouvelée en 1576, même sans changement, au milieu d'écrits récents et subversifs, et alors que des faits nouveaux s'étaient produits, faits créant des analogies frappantes, son œuvre prenait l'apparence d'un manifeste révolutionnaire. Voilà la « mauvaise fin » préméditée. Et c'est exactement ce que dit de Thou : « *Quem tamen [libellum de* SPONTANEA SERVITUTE*] in longe alienum ab auctoris mente* USUM *ac* SENSUM *ii* DETORSERUNT *qui eum, post Parisiensem lanienam, quæ post annos* XXIV, *atque adeo post Boetiani mortem, accidit, ad commovendos vulgi animos, in lucem emiserunt* (¹). » (*Historia sui temporis,* lib. I, t. I, p. 187 de l'édition latine de Londres.)

Il importe donc, — et c'est ce que je me suis efforcé de faire, — il importe de distinguer entre la visée réelle du livre pris en lui-même, au moment vrai de sa composition, et le parti factice qu'ont voulu en tirer, vingt-quatre ans plus tard, les révolutionnaires, espérant alors tromper le public, au détriment d'ailleurs de La Boëtie; évidemment, ils ont dû réussir de leur temps, car, à

(¹) Et, *ibid.*, lib. XXXV, t. II, p. 380 : « *Nec* ANTHENOTICON *ejus sileri debet, cujus longe* ALIAM IN REM *quam ex mente auctoris postea evulgati honorificam mentionem suo loco fecimus.* »

Je transcris le texte latin, ne voulant pas mettre entre guillemets une traduction qui, fût-elle écrite par l'auteur alerte, mais parfois pressé, de *Manon Lescaut,* n'arriverait pas à rendre avec assez d'exactitude la nuance de violence intentionnelle qui est en *detorserunt,* celle d'objectif circonstanciel contenue en *aliam in rem* et *usum,* et la spécialisation de visée morale exprimée par *sensum.* Avant de reprocher à De Thou une « documentation imprécise », il eût été nécessaire de rapporter ses paroles réelles et d'analyser leur signification.

trois cent trente ans de distance, ils ont trompé encore un esprit distingué, qui n'est nullement crédule de sa nature, et que de vastes lectures semblaient devoir mettre en garde, M. le docteur Armaingaud.

Si, par les pages précédentes, il est démontré que, dans l'histoire des temps antérieurs à 1550 (date approximative de la composition du *Discours de la Servitude volontaire*) il s'est rencontré un homme, un roi, auquel s'adaptent avec précision les traits constituant le portrait du tyran tracé par La Boëtie ; si les calamités publiques, les troubles sociaux décrits par La Boëtie se rencontrent dans la même histoire comme résultat du gouvernement ou de la faiblesse de ce même homme, de ce même roi, il n'y a plus de doute : tout l'échafaudage de conjectures se rapportant à des temps postérieurs à 1550 s'écroule, avec les conséquences qui en ont été tirées.

S'il en est ainsi (et c'est le résultat auquel je m'attache avant tout, et de toute mon âme), il devient évident que Montaigne ne peut avoir eu la pensée, ni l'occasion, de se livrer à l'exploitation détournée dont on a supposé qu'il aurait pu être capable à l'égard de l'œuvre de son ami défunt. Il devient évident que Montaigne s'est maintenu simplement dans la voie de sagesse politique, de franchise courageuse, de fidélité à l'amitié qu'indiquent ses *Essais*, et que lui, ainsi que La Boëtie, doivent rester en possession pleine et entière de la sympathie respectueuse et admirative que la France et le Monde leur prodiguent depuis plus de trois siècles.

Dans un prochain travail, je reviendrai sur la vie de La Boëtie, sur ses rapports avec Montaigne et sur la *Servitude volontaire*.

Extrait des *Actes de l'Académie des Sciences, Belles-Lettres et Arts de Bordeaux.*

Séance du 7 mars 1907.

Bordeaux. — Impr. G. GOUNOUILHOU, rue Guiraude, 9-11